SENTIR ES EL
SECRETO

NEVILLE

Traducción de Marcela Allen

wisdom collection

Traducción al español
Copyright © 2017 Marcela Allen Herrera
Todos los derechos reservados

SOBRE ESTE LIBRO

La versión original de esta obra fue publicada en el año 1951 bajo el título, "Feeling is the Secret" y es quizás uno de los libros más famosos de Neville.

Neville Lancelot Goddard (1905-1972), fue una figura muy importante e influyente en el siglo XX. Sus enseñanzas estuvieron básicamente enfocadas en ilustrar la verdad psicológica de la biblia y demostrar que sus mensajes están referidos a la consciencia humana.

En sus primeras conferencias y libros, Neville trató solamente con lo que él llamó La Ley, esto se refiere a la técnica de crear la realidad física con la imaginación.

Al describir La Ley, Neville relató a sus audiencias historias personales en las cuales demostraba cómo, solamente por el uso de su imaginación, había cumplido sus deseos. Y, asimismo, compartió numerosas historias de cómo otros también habían hecho uso de La Ley.

En este libro encontrarás las bases referentes a dicha enseñanza y te mostrará la forma en que, mediante el uso de tu imaginación, puedes hacer que se manifiesten tus deseos. "La imaginación es la Puerta de entrada a la Realidad. Asume que ya eres aquello que deseas ser. Camina en esa asunción y se convertirá en un hecho"

Ten sueños grandes y nobles y deja que el Poder de Dios los convierta en realidad.

M.A.H.

CONTENIDOS

Prefacio

Capítulo 1   La Ley y su Operación...... 1

Capítulo 2   El Sueño 10

Capítulo 3   La Oración 19

Capítulo 4   Espíritu – Sentimiento 23

ANEXO

Fundamentos

PREFACIO

Este libro se refiere al arte de realizar tu deseo. Te da cuenta del mecanismo utilizado en la producción del mundo visible. Es un libro pequeño, pero no ligero. Hay un tesoro en el, un camino claramente definido para la realización de tus sueños.

Si fuera posible llevar a la convicción a otro mediante argumentos razonables y detallados ejemplos, este libro estaría a la altura. Sin embargo, rara vez es posible hacerlo por medio de declaraciones o argumentos escritos, ya que el juicio suspendido siempre parece plausible decir que el autor fue deshonesto o engañado y, por lo tanto, sus evidencias estaban contaminadas. Por consiguiente, he omitido deliberadamente todos los argumentos y testimonios, y simplemente desafío al lector de mente abierta a practicar la ley de la consciencia como se revela en este libro. El éxito personal resultará mucho más convincente que todos los libros que se podrían escribir sobre el tema.

NEVILLE

SENTIR ES EL
SECRETO

CAPÍTULO 1

LA LEY Y SU OPERACIÓN

El mundo y todo lo que está dentro de el, es la consciencia condicionada del hombre puesta en evidencia. La consciencia es la causa, así como la sustancia del mundo entero. Por lo tanto, es la consciencia lo que debemos cambiar si queremos descubrir el secreto de la creación.

El conocimiento de la ley de la consciencia y el método de funcionamiento de esta ley te permitirá lograr todo lo que deseas en la vida. Armado con un conocimiento práctico de esta ley, se puede construir y mantener un mundo ideal. La consciencia es la única realidad, y no en sentido figurado, sino verdaderamente.

Para que quede más claro, podemos asemejar esta realidad a un arroyo que se divide en dos partes, el consciente y el subconsciente. Con el fin de operar de manera inteligente la ley de la consciencia, es necesario comprender la relación entre el consciente y el subconsciente. El consciente es personal y selectivo, el subconsciente es impersonal y no selectivo. El consciente es el reino del efecto, el subconsciente es el reino de la causa. Estos dos aspectos son las divisiones masculinas y femeninas de la consciencia. El consciente es masculino, el subconsciente es femenino. El consciente genera ideas e impresiona estas ideas en el subconsciente, el subconsciente recibe las ideas y les da forma y expresión a ellas.

Por esta ley -primero se concibe una idea y luego se impresiona la idea concebida en el subconsciente- todas las cosas evolucionan fuera de la consciencia, y sin esta secuencia nada ha sido hecho que no se haya hecho. El consciente impresiona el subconsciente mientras que el subconsciente expresa todo lo que se ha impresionado sobre el. El subconsciente no origina ideas, pero acepta como verdad lo que la mente consciente siente como verdadero, y de un modo conocido sólo por el mismo, manifiesta las ideas aceptadas. Por lo tanto, a través de su poder de imaginar y de sentir y de la libertad para elegir la idea que sostendrá, el hombre tiene el control sobre la creación. El control del subconsciente se logra mediante el control de sus ideas y sentimientos.

El mecanismo de la creación está escondido en lo más profundo del subconsciente, el aspecto femenino o matriz de creación. El subconsciente trasciende la razón y es independiente de la inducción. Contempla un sentimiento como un hecho que ya existe dentro de sí mismo y en este supuesto procede a darle expresión. El proceso creativo comienza con una idea y su ciclo sigue su curso como un sentimiento y termina en la voluntad de actuar.

Las ideas son impresionadas en el subconsciente a través de los sentimientos. Ninguna idea puede ser impresa en el subconsciente hasta que se siente, pero una vez sentida – ya sea buena, mala o indiferente – debe ser expresada.

El sentimiento es el único medio a través del cual las ideas se transmiten al subconsciente. Por lo tanto, el hombre que no controla sus sentimientos puede fácilmente impresionar el subconsciente con estados no deseados. El control de los sentimientos no significa restricción o supresión de sus sentimientos, sino más bien la disciplina de uno mismo para imaginar y sostener sólo sentimientos que contribuyen a su felicidad. El control de los sentimientos es muy importante para una vida plena y feliz.

Nunca albergues un sentimiento indeseable ni pienses algo malo en alguna forma o modo. No insistas en la imperfección de ti mismo o de los demás. Hacerlo es impresionar el subconsciente con estas limitaciones. Lo que no quieres que te hagan a ti, no sientas que se ha hecho para ti o para otro. Esta es toda la ley de una vida plena y feliz. Todo lo demás es comentario.

Cada sentimiento hace una impresión subconsciente y, a menos que sea contrarrestado con un sentimiento más fuerte de una naturaleza opuesta, debe ser expresado. El que sea más dominante de los dos sentimientos es el que se expresará. "Yo estoy sano" es un sentimiento más fuerte que "Yo estaré sano". Sentir "seré" es confesar que "no soy", yo soy, es más poderoso que yo no soy. Lo que sientes que eres siempre domina lo que sientes que te gustaría ser, por lo tanto, para ser manifestado, el deseo debe ser sentido como un estado que es, en lugar de un estado que no es.

El sentimiento precede a la manifestación y es la base sobre la cual descansa toda manifestación. Ten cuidado con tus estados de ánimo y sentimientos, porque hay una conexión ininterrumpida entre tus sentimientos y tu mundo visible.

El cuerpo es un filtro emocional y lleva las huellas inconfundibles de tus emociones predominantes. Las alteraciones emocionales, especialmente las emociones reprimidas, son las causas de todas las enfermedades. Sentir intensamente algo malo, sin decirlo o expresar ese sentimiento, es el comienzo del malestar -mal-estar- en cuerpo y entorno. No albergues sentimientos de arrepentimiento o fracaso, la frustración o desvío de tus objetivos resultan en malestar.

Piensa con sentimiento únicamente en el estado que deseas manifestar. Sentir la realidad del estado deseado y vivir y actuar sobre esa convicción es la forma de todos los aparentes milagros. Todos los cambios de expresión son provocados por un cambio de sentimiento. Un cambio de sentimiento es un cambio de destino.

Toda la creación se produce en el dominio del subconsciente. Lo que debes adquirir, entonces, es un control reflexivo del funcionamiento del subconsciente, es decir, el control de tus ideas y sentimientos.

Casualidad o accidente no son los responsables de las cosas que te suceden, ni es destino predeterminado el autor de tu suerte o desgracia. Tus impresiones subconscientes determinan las condiciones de tu mundo. El subconsciente no es selectivo, es impersonal y no hace diferencias de personas. El subconsciente no tiene que ver con la verdad o la falsedad de tu sentimiento. Siempre acepta como verdad lo que se siente como verdad. El sentimiento es el dictamen al subconsciente de lo que se declaró como verdad.

Debido a esta cualidad del subconsciente no hay nada imposible para el hombre. Lo que la mente del hombre puede concebir y sentir como verdadero, el subconsciente puede y debe expresar. Tus sentimientos crean el patrón a partir del cual el mundo es moldeado y un cambio de sentimiento es un cambio de patrón.

El subconsciente nunca falla en expresar lo que se impresiona en el. En el momento que recibe una impresión, comienza a trabajar en las formas de su expresión. Acepta el sentimiento impreso en el - tu sentimiento - como un hecho que existe dentro de sí mismo y de inmediato se pone a producir en el mundo externo u objetivo la semejanza exacta de ese sentimiento. El subconsciente nunca altera las creencias aceptadas del hombre. Las expresa hasta el último detalle ya sean o no beneficiosas.

Para impresionar el subconsciente con el estado deseado debes asumir el sentimiento que sería tuyo si ya hubieras realizado tu deseo. Al definir tu objetivo debes estar preocupado solamente del objetivo en sí. La forma de expresión o las dificultades que encierra no han de ser consideradas por ti. Pensar con sentimiento en cualquier estado impresiona en el subconsciente. Por lo tanto, si tú piensas en las dificultades, obstáculos o demoras, el subconsciente, por su propia naturaleza no selectiva, acepta el sentimiento de dificultades y obstáculos como requerimiento y procede a producirlo en tu mundo exterior.

El subconsciente es la matriz de la creación. Recibe la idea en sí misma a través de los sentimientos del hombre. Nunca cambia la idea recibida, siempre le da forma. Por lo tanto, el subconsciente refleja la idea a imagen y semejanza del sentimiento recibido. Sentir un estado como desesperanza o imposible es impresionar el subconsciente con la idea de fracaso.

Ya que el subconsciente sirve fielmente al hombre, debe inferirse que la relación es la de un sirviente a un maestro como fue concebido en la antigüedad. Los antiguos profetas lo llamaron el esclavo y el sirviente del hombre. San Pablo lo personificó como "mujer" y dijo: "La mujer debe estar sujeta al hombre en todo" [Efesios 5:24].

El subconsciente sirve al hombre y fielmente da forma a sus sentimientos. Sin embargo, el subconsciente tiene una aversión clara por la exigencia y responde a la persuasión en lugar de a la orden y, en consecuencia, se asemeja a la amada esposa más que el siervo. "El marido es la cabeza de la esposa" [Efesios 5:23]

Esto puede no ser cierto para el hombre y la mujer en su relación terrenal, pero es cierto en el consciente y el subconsciente, o los aspectos masculinos y femeninos de la consciencia. El misterio al cual Pablo hace referencia cuando escribió: "Este es un gran misterio.... El que ama a su mujer se ama a sí mismo.... Y los dos serán una sola carne" ... esto no es más que el misterio de la consciencia. La consciencia es realmente una e indivisible, pero por el bien de la creación parece estar dividida en dos.

El consciente (objetivo) o aspecto masculino es verdaderamente la cabeza y domina el subconsciente (subjetivo) o aspecto femenino. Sin embargo, este liderazgo no es el del tirano, sino del amante. Así que al asumir el sentimiento que sería tuyo si estuvieras en posesión de tu objetivo, el subconsciente es movido para construir la semejanza exacta de tu asunción. Tus deseos no son aceptados en el subconsciente hasta que asumen el sentimiento de su realidad, porque sólo a través del sentimiento una idea es aceptada en el subconsciente y sólo a través de esta aceptación subconsciente es siempre expresada.

Es más fácil atribuir tus sentimientos a los acontecimientos del mundo que admitir que las condiciones del mundo reflejan tus sentimientos. Sin embargo, es eternamente cierto que el exterior refleja el interior. "Como es adentro es afuera".

"Un hombre no puede recibir nada a menos que le sea dado del cielo" [Juan 3:27] – y – "El reino de los cielos está dentro de ustedes" [Lucas 17:21]

Nada viene desde afuera, todas las cosas vienen desde adentro – del subconsciente. Es imposible para ti ver otra cosa que no sea el contenido de tu consciencia. Tu mundo es en cada detalle tu consciencia evidenciada. Los estados objetivos dan testimonio de las impresiones subconscientes. Un cambio de impresión resulta en un cambio de expresión.

El subconsciente acepta como verdad lo que sientes como verdad, y porque la creación es el resultado de las impresiones subconscientes, tú, por tus sentimientos, determinas la creación. Tú ya eres lo que quieres ser, y tu negativa a creerlo es la única razón por la cual no lo ves.

Buscar en el exterior lo que no sientes que eres es buscar en vano, porque nunca encontramos lo que queremos, encontramos sólo lo que somos. En resumen, tú expresas y tienes sólo lo que eres consciente de ser o poseer. "Al que tiene se le dará más" [Mateo 13:12; Lucas, 8:18; Marco 4:25]

Negar la evidencia de los sentidos y apropiarse del sentimiento del deseo cumplido, es el camino a la realización de tu deseo. El dominio del auto-control de tus pensamientos y sentimientos, es tu mayor logro. No obstante, debes alcanzar perfecto dominio de ti mismo y que a pesar de las apariencias sientas todo lo que quieras sentir, utiliza el sueño y la oración como ayuda en la realización de tus estados deseados. Estas son las dos puertas de entrada al subconsciente.

CAPÍTULO 2

EL SUEÑO

El Sueño, la vida que ocupa un tercio de nuestra estancia en la tierra, es la puerta natural al subconsciente. Entonces es del sueño de lo que ahora nos ocuparemos.

Los dos tercios conscientes de nuestra vida en la tierra son medibles por el grado de atención que le damos al sueño. Nuestro entendimiento y deleite en lo que el sueño tiene para otorgar hará que, noche tras noche, nos pongamos en camino a el, como si estuviéramos manteniendo una cita con un amante.

"En un sueño, en una visión nocturna, cuando el sueño profundo cae sobre los hombres, cuando se adormecen sobre el lecho, entonces revela al oído de los hombres y les señala sus instrucciones" [Job 33]

Es en el sueño y en la oración - un estado parecido al sueño- que el hombre entra en el subconsciente para hacer sus impresiones y recibir sus instrucciones.

En estos estados el consciente y el subconsciente se unen creativamente. El hombre y la mujer se convierten en una sola carne. El sueño es el momento en el cual el hombre - o mente consciente - se vuelve desde el mundo de los sentidos para ver a su amante o subconsciente. El subconsciente - a diferencia de la mujer en el mundo, que se casa con su marido para cambiarlo - no tiene ningún deseo de cambiar el consciente, el estado de vigilia, lo ama tal como es y reproduce fielmente su parecido en el mundo externo de la forma.

Las condiciones y los acontecimientos de tu vida son tus hijos formados a partir de los moldes de las impresiones subconscientes en el sueño. Están hechas a imagen y semejanza del sentimiento más íntimo que puedes mostrarte a ti mismo.

"Como es en el cielo, así también en la Tierra" [Mateo 6:10; Lucas 11:02] Como es en el subconsciente, así también en la tierra. Lo que tienes en la consciencia cuando vas a dormir es la medida de tu expresión en los estados de vigilia, dos tercios de tu vida en la tierra.

Nada te impide realizar tu objetivo excepto tu fracaso en sentir que ya eres lo que quieres ser, o que ya estás en posesión de la cosa deseada. Tu subconsciente le da forma a tu deseo sólo cuando sientes tu deseo ya cumplido.

La inconsciencia del sueño es el estado normal del subconsciente. Debido a que todas las cosas vienen desde tu interior, y tu concepción de ti mismo determina lo que viene, debieras sentir siempre el deseo cumplido antes de quedarte dormido.

Nunca atraes desde las profundidades de ti mismo lo que quieres, siempre atraes lo que eres; y eres lo que sientes que eres y así también lo que sientes como verdadero de los demás.

Para ser manifestado entonces, el deseo debe ser resuelto en el sentimiento de ser o tener o presenciar el estado buscado. Esto se logra asumiendo el sentimiento del deseo cumplido. El sentimiento que se produce en respuesta a la pregunta "¿Cómo me sentiría si se realizara mi deseo?" ese es el sentimiento que debes monopolizar e inmovilizar tu atención mientras te relajas en el sueño. Debes estar en la consciencia de ser o tener lo que quieres ser o tener antes de quedarte dormido.

Una vez dormido, el hombre no tiene libertad de elección. Todo su sueño está dominado por su último concepto de vigilia del ser. Por lo tanto, de ello se desprende que siempre debes asumir la sensación de logro y satisfacción antes de dormir.

"Venid ante mí con el canto y la acción de gracias" [Salmos 95:2] "Entrad por sus puertas con acción de gracias por sus atrios con alabanza" [Salmo 100:4]

Tu estado de ánimo antes de dormir define tu estado de consciencia al entrar en la presencia de tu amante eterno, el subconsciente. Él te ve exactamente cómo sientes que eres. Si, mientras te preparas para el sueño, asumes y mantienes la consciencia de éxito, sintiendo "Yo soy exitoso", entonces debes tener éxito. Acuéstate de espalda con la cabeza al mismo nivel de tu cuerpo. Siente como si ya estuvieras en posesión de tu deseo y tranquilamente relájate en la inconsciencia. "El que guarda a Israel no se adormecerá ni dormirá" [Salmo 121:4] ; "El da a su amado aun mientras duerme" [Salmo 127:2]

El subconsciente nunca duerme. El sueño es la puerta por la que el consciente, la mente despierta, pasa a ser creativamente unida al subconsciente. El sueño oculta el acto creativo, mientras que el mundo objetivo lo revela. En el sueño, el hombre impresiona el subconsciente con su concepción de sí mismo. Qué hermosa descripción de este romance del consciente y el subconsciente es la que se dijo en el "Cantar de Salomón": "Por la noche en mi cama busqué al que ama mi alma... encontré a quien ama mi alma; lo abracé y no lo dejé ir, hasta que lo llevé a la casa de mi madre y dentro de la recámara de la que me concibió"

Preparándote para dormir, siéntete a ti mismo en el estado del deseo realizado, y luego relájate en la inconsciencia. Tu deseo realizado es el que buscas. Por la noche, en tu cama, busca el sentimiento del deseo cumplido que llevarás contigo a la recámara de la que te concibió, en el sueño o en el subconsciente que le dio forma, este deseo también será expresado. Esta es la manera de descubrir y llevar a cabo tus deseos en el subconsciente. Siéntete en el estado de tu deseo realizado y tranquilamente quédate dormido.

Noche tras noche debieras asumir el sentimiento de ser, tener y presenciar aquello que buscas ser, poseer y ver manifestado. Nunca vayas a dormir sintiéndote desalentado o insatisfecho. Nunca te duermas en la consciencia del fracaso. Tu subconsciente, cuyo estado natural es el sueño, te ve como tú crees que eres, y ya sea bueno, malo o indiferente, el subconsciente fielmente encarnará tu creencia. Como te sientes así será la impresión que harás; y ella, la amante perfecta, dará forma a estas impresiones y creará las imágenes como los hijos de su amado. "Tú eres toda justa, mi amor; no hay mancha en ti" [Canción de Salomón 4:7]

Es la actitud mental que se debe adoptar antes de dormir. Descarta las apariencias y siente que las cosas son como deseas que sean, porque "Él llama cosas que no son vistas como si lo fueran y las no vistas como vistas" [Romanos 4:17]

Asumir el sentimiento de satisfacción es llamar a las condiciones a que sean y que reflejarán satisfacción. "Las señales siguen, no preceden." La prueba de lo que eres, seguirá a la consciencia de lo que eres; no lo precederá. Eres un soñador eterno, soñando sueños no eternos. Tus sueños toman forma cuando asumes el sentimiento de su realidad. No te limites al pasado. Sabiendo que nada es imposible para la consciencia, comienza a imaginar estados más allá de las experiencias del pasado.

Lo que sea que la mente del hombre puede imaginar, el hombre puede realizar. Todos los estados objetivos (visibles) fueron primero estados subjetivos (invisibles) y los hiciste visibles al asumir el sentimiento de su realidad. El proceso creativo es primero imaginar y luego creer en el estado imaginado. Siempre imagina y espera lo mejor.

El mundo no puede cambiar a menos que cambies tu concepto de el. "Como es adentro, es afuera". Las naciones y también las personas, son sólo lo que tú crees que ellos son. No importa cuál sea el problema, no importa dónde está, no importa a quienes involucra, tú no tienes a nadie a quien cambiar excepto a ti mismo y no tienes ni oponente ni ayudante para traer el cambio dentro de ti mismo. No tienes nada que hacer excepto convencerte a ti mismo de la realidad del estado deseado, los resultados seguirán para confirmar el cambio de creencia. Tan pronto tengas éxito en convencerte a ti mismo de la realidad del estado deseado, los resultados seguirán para confirmar el cambio de tu creencia. Nunca le sugieras a otro el estado que desearías verlo expresar; sino en cambio, convéncete a ti mismo que ya es aquello que deseas que él sea.

La realización de tu deseo es lograda al asumir el sentimiento del deseo cumplido. No puedes fallar a menos que falles en convencerte de la realidad de tu deseo. Un cambio de creencia es confirmado por un cambio de expresión.

Cada noche, cuando caigas en el sueño, siéntete satisfecho y sin mancha, tu amante subjetiva siempre crea el mundo objetivo a imagen y semejanza de tu concepto de el - el concepto definido por tus sentimientos.

Las dos terceras partes de vigilia de tu vida en la tierra corroboran o dan testimonio de tus impresiones subconscientes. Las acciones y los eventos del día son los efectos; no son causas. El libre albedrío es sólo la libertad de elección. "Escoge hoy a quién vas a servir" [Josué 24:15]

Es tu libertad de elegir el estado de ánimo que asumirás; pero la expresión del estado de ánimo es el secreto del subconsciente. El subconsciente recibe impresiones sólo a través de los sentimientos del hombre y, de un modo conocido sólo por sí mismo, da estas impresiones forma y expresión. Las acciones del hombre están determinadas por sus impresiones subconscientes. Su ilusión del libre albedrío, su creencia en la libertad de acción, no es más que la ignorancia de las causas que le hacen actuar. Él se cree libre porque se ha olvidado del vínculo entre él y el evento.

El hombre despierto está bajo la obligación de expresar sus impresiones subconscientes. Si en el pasado él irreflexivamente hizo impresiones en sí mismo, entonces déjenle comenzar a cambiar sus pensamientos y sentimientos, porque sólo cuando lo haga cambiará su mundo.

No pierdas ni un momento en arrepentimientos, pensar con sentimiento en los errores del pasado es volver a infectase. "Deja que los muertos entierren a los muertos" [Mateo 08:22; Lucas 9:60]

Voltea de las apariencias y asume el sentimiento que sería tuyo si fueras lo que deseas ser. Sentir un estado produce ese estado. La parte que juegas en el escenario del mundo está determinada por tu concepto de ti mismo. Al sentir tu deseo cumplido y en silencio relajarte en el sueño, te pones en el rol de estrella protagónica para ser interpretado mañana en la tierra y, mientras duermes, estás ensayando y eres instruido en tu papel.

La aceptación del final da automáticamente los medios para su realización. No te equivoques sobre esto. Si mientras te preparas para dormir, conscientemente no te sientes a ti mismo en el estado del deseo cumplido, entonces vas a llevar contigo a la recámara de aquella que te concibió, la suma total de las reacciones y sentimientos del día; y durante el sueño, se te indicará la manera en que se expresará mañana. Te levantarás creyendo que eres un agente libre, sin darte cuenta de que cada acción y evento del día está predeterminado por el concepto de ti mismo cuando te quedaste dormido. Tu única libertad, entonces, es tu libertad de reacción. Eres libre de elegir cómo te sientes y cómo reaccionas ante el drama del día, pero el drama - las acciones, eventos y circunstancias del día - ya se han determinado.

A menos que consciente y deliberadamente definas la actitud mental con la que te vas a dormir, inconscientemente vas a dormir en la actitud de la mente compuesta por todos los sentimientos y reacciones del día. Cada reacción deja una impresión subconsciente y, a menos que sea contrarrestada por un sentimiento opuesto y más dominante, es la causa de la acción futura.

Las ideas envueltas en sentimientos son acciones creativas. Utiliza tu derecho divino sabiamente. A través de tu capacidad de pensar y sentir, tienes dominio sobre toda la creación. Mientras estás despierto, eres un jardinero seleccionando semillas para tu jardín, pero "Si el grano de trigo no cae en tierra y muere, queda sólo; pero si muere, da abundante fruto" [Juan 12:24]

El concepto de ti mismo cuando concilias el sueño es la semilla que cae en el suelo del subconsciente. Caer dormido sintiéndose satisfecho y feliz atraerá condiciones y eventos que aparecerán en tu mundo y que confirmarán estas actitudes de la mente.

El sueño es la puerta al cielo. Lo que tomas como sentimiento lo llevarás a cabo como condición, acción o un objeto en el espacio. Así que duerme en el sentimiento del deseo cumplido.

CAPÍTULO 3

LA ORACIÓN

La oración, así como el sueño, es otra entrada al subconsciente. "Cuando oras, entra en tu aposento, y cuando hayas cerrado tu puerta, ora al Padre el cual está en secreto y tu Padre que está en secreto te recompensará abiertamente" [Mateo 6:6]

La oración es una apariencia de sueño, lo cual disminuye la impresión del mundo externo y pone a la mente más receptiva a la sugestión desde el interior. La mente en oración está en un estado de relajación y receptividad similar al sentimiento logrado justo antes de dormir.

La oración no es tanto lo que pides, sino como te preparas para recibirlo. "Lo que sea que desees, cuando pides creyendo que lo has recibido, lo tendrás" [Marco 11:24]

La única condición requerida es que creas que tus oraciones ya fueron atendidas. Tu oración debe ser respondida si asumes el sentimiento que sería tuyo si ya estuvieras en posesión de tu objetivo. El momento en que aceptas el deseo como un hecho realizado el subconsciente encuentra los medios para su realización. Para orar exitosamente entonces, debes dar paso al deseo, eso es, sentir el deseo realizado.

El hombre perfectamente disciplinado está siempre sintonizado con el deseo como un hecho cumplido. Él sabe que la consciencia es la única realidad, que las ideas y sentimientos son hechos de la consciencia y son tan reales como los objetos en el espacio; por lo tanto, él nunca abriga un sentimiento que no contribuye a su felicidad porque los sentimientos son las causas de las acciones y circunstancias de su vida. Por otro lado, el hombre indisciplinado encuentra difícil creer aquello que es negado por los sentidos y usualmente acepta o rechaza solamente basado en las apariencias de los sentidos.

Por esta tendencia a confiar en la evidencia de los sentidos, es necesario dejarlos fuera antes de comenzar a orar, antes de intentar sentir aquello que niegan. Cuando estés en el estado mental, "Me gustaría, pero no puedo", mientras más intentes, menos conseguirás dar paso al deseo. Nunca atraes aquello que quieres, siempre atraes aquello que eres consciente de ser.

La oración es el arte de asumir el sentimiento de ser y tener aquello que deseas. Cuando los sentidos confirman la ausencia de tu deseo, todos los esfuerzos conscientes por contrarrestar esta sugerencia son inútiles y tienden a intensificar la sugerencia.

La oración es el arte de dar paso al deseo y no de forzar el deseo. Cuando tu sentimiento está en conflicto con tu deseo, el sentimiento será el que ganará. El sentimiento dominante invariablemente se expresa a sí mismo. La oración debe ser sin esfuerzo. Al intentar arreglar una actitud mental que es negada por los sentidos, el esfuerzo es fatal.

Para exitosamente dar paso al deseo como un hecho cumplido, debes crear un estado pasivo, una especie de ensueño o reflexión meditativa similar al sentimiento que precede al sueño. En tal estado relajado la mente se aleja del mundo objetivo y fácilmente siente la realidad del estado subjetivo. Es un estado en el cual eres consciente y bastante capaz de moverte o abrir tus ojos, pero no tienes deseo de hacerlo.

Una manera sencilla de crear este estado pasivo es relajarte en una silla confortable o en una cama. Si es en una cama, acuéstate de espalda con la cabeza al mismo nivel que tu cuerpo, cierra los ojos e imagina que estás somnoliento. Siente – "Estoy somnoliento, muy somnoliento, muy pero muy somnoliento". En breve tendrás un sentimiento de lejanía acompañado por una laxitud general y una pérdida de todo deseo de moverte te envuelve. Sientes un descanso placentero, cómodo y no deseas alterar tu posición, aunque bajo otras circunstancias no estarías cómodo. Cuando este estado pasivo es alcanzado, imagina que has realizado tu deseo, no cómo fue realizado, sino simplemente el deseo realizado.

Imagina en forma de imágenes lo que deseas lograr en la vida; entonces siéntete como que ya lo has logrado. Los pensamientos producen pequeños movimientos del habla los cuales pueden ser oídos en el estado pasivo de oración como pronunciamientos desde afuera. Sin embargo, este grado de pasividad no es esencial para la realización de tus oraciones. Todo lo que es necesario es crear un estado pasivo y sentir el deseo cumplido.

Todo lo que posiblemente puedes necesitar o desear ya es tuyo. No necesitas ayudante para dártelo; es tuyo ahora. Llama a tus deseos a ser, imaginando y sintiéndolos como cumplidos. Como el final es aceptado te vuelves totalmente indiferente respecto al posible fallo, porque la aceptación del final te dará los medios para ese final.

Cuando emerges del momento de oración es como si te mostraran el final feliz y exitoso de una obra, aunque no te mostraran cómo se logró el final. Sin embargo, habiendo presenciado el final, independiente de cualquier secuencia anti clímax, permaneces tranquilo y seguro en el conocimiento de que el final ha sido perfectamente definido.

CAPÍTULO 4

ESPÍRITU – SENTIMIENTO

"No por voluntad, ni por poder, sino por mi espíritu" – dice el Señor de los ejércitos. [Zacarias 4:6]

Entra en el espíritu del estado deseado asumiendo el sentimiento que sería tuyo si ya fueras quien quieres ser. Al capturar el sentimiento del estado deseado, te liberas de todo el esfuerzo de hacerlo, porque ya es así. Hay un sentimiento definido asociado con cada idea en la mente del hombre. Captura el sentimiento asociado con tu deseo realizado asumiendo el sentimiento que sería tuyo si ya estuvieras en posesión de la cosa que deseas, y tu deseo se manifestará.

La fe es sentimiento. "De acuerdo a tu fe (sentimiento) te será hecho". [Génesis 1:27]

Nunca atraes aquello que deseas, sino siempre aquello que eres. Como un hombre es, así ve él.

"Porque al que tiene, se le dará más y al que no tiene, aun lo que tiene se le quitará". [Mateo 13:12; 25:28; Marco 4:25; Lucas 8:18; 19:26]

Aquello que tú sientes que eres, lo eres, y te es dado aquello que eres. Entonces asume el sentimiento que sería tuyo si ya estuvieras en posesión de tu deseo, y tu deseo debe realizarse.

"Entonces Dios creó al hombre en su imagen, en la imagen de Dios lo creó" [Génesis 1:27]

"Deja que esta mente esté en ti, la cual también estaba en Cristo Jesús, el cual, siendo en forma de Dios, no consideró el ser igual a Dios como algo a qué aferrarse" [Filipenses 2:5,6]

Eres aquello que crees ser. En lugar de creer en Dios o en Jesús, cree que eres Dios o que eres Jesús.
"El que en mí cree, las obras que yo hago, él las hará también" debería ser "Aquel que cree como Yo creo, las obras que yo hago él también las hará" Jesús no encontró extraño hacer las obras de Dios porque él creía que era Dios. "Yo y mi Padre somos Uno" [Juan 10:30]

Es natural hacer las obras de uno que crees que eres. Entonces vive en el sentimiento de ser el que deseas ser y lo serás.

Cuando un hombre cree en el valor del consejo que se le ha dado y lo aplica, establece dentro de él la realidad del éxito.

ANEXO

FUNDAMENTOS

NEVILLE

FUNDAMENTOS

Neville -1953

Con un tema tan vasto, es realmente una tarea difícil resumir en unos pocos cientos de palabras lo que considero las ideas más básicas sobre las cuales deberían concentrarse todos aquellos quienes buscan una verdadera comprensión de la metafísica. Haré lo que pueda en forma de tres fundamentos. Estos fundamentos son: Auto-Observación, Definición del Objetivo y Desapego.

El propósito de la verdadera metafísica es provocar un renacimiento o un cambio psicológico radical en el individuo. Tal cambio no puede tener lugar hasta que el individuo primero descubra el ser que él quisiera cambiar. Este descubrimiento sólo puede hacerse mediante una observación acrítica de sus reacciones a la vida. La suma total de estas reacciones define el estado de conciencia del individuo, y es el estado de conciencia del individuo el que atrae las situaciones y circunstancias de su vida.

Así que el punto de partida de la verdadera metafísica, en su lado práctico, es la auto-observación para descubrir las reacciones de uno a la vida, las reacciones que forman el Yo secreto de uno, la causa de los fenómenos de la vida.

Con Emerson, yo acepto el hecho de que "El hombre se rodea con la verdadera imagen de sí mismo... lo que somos, sólo eso podemos ver".

Hay una conexión definida entre lo que es externo y lo que es interno en el hombre, y siempre son nuestros estados internos los que atrae nuestra vida externa. Por lo tanto, el individuo debe comenzar siempre consigo mismo. Es a sí mismo, lo que debe cambiar.

El hombre en su ceguera está bastante satisfecho consigo mismo, pero le disgustan las circunstancias y las situaciones de su vida. Él siente así, sin saber que la causa de su disgusto no radica en la condición ni la persona con la que está disgustado, sino en su mismo ser que tanto le gusta. No se da cuenta de que "se rodea a sí mismo con la verdadera imagen de sí mismo" y que "lo que él es, sólo eso puede ver"; él se sorprende cuando descubre que siempre ha sido su propio engaño lo que le hacía desconfiar de los demás.

La auto-observación revelaría este engañoso ser en todos nosotros, y este debe ser aceptado antes de que pueda haber alguna transformación de nosotros mismos.

En este momento, intenta notar tu estado interior. ¿Qué pensamientos estás consintiendo? ¿Con qué sentimientos te identificas? Debes tener siempre cuidado dónde estás dentro de ti mismo.

La mayoría creen que somos amables y afectuosos, generosos y tolerantes, comprensivos y nobles; pero una observación acrítica de nuestras reacciones a la vida revelará un ser que no es en absoluto amable y afectuoso, generoso y tolerante, comprensivo y noble. Y es este ser el que primero debemos aceptar y luego prepararnos a cambiar.

El renacer depende del trabajo interior en uno mismo. Nadie puede renacer sin cambiar este ser. Cada vez que un conjunto de reacciones completamente nuevo entra en la vida de una persona, un cambio de consciencia ha tenido lugar, ha ocurrido un renacimiento espiritual.

Habiendo descubierto, a través de una observación acrítica de tus reacciones a la vida, un ser que debe ser cambiado, tú debes ahora formular un objetivo. Es decir, debes definir aquel que te gustaría ser en lugar del que verdaderamente eres en secreto. Con este objetivo claramente definido, durante tu día debes conscientemente notar cada una de tus reacciones respecto a este objetivo.

La razón de esto es que todos viven en un estado definido de conciencia, cuyo estado de conciencia es, como ya hemos descrito, la suma total de sus reacciones a la vida. Por lo tanto, al definir un objetivo, tú estás definiendo un estado de conciencia que, como todos los estados de conciencia, debe tener sus reacciones a la vida. Por ejemplo: si un rumor o un comentario frívolo puede causar una reacción ansiosa en una persona y ninguna reacción en otra, esto es una prueba positiva de que las dos personas viven en dos estados diferentes de conciencia.

Si defines tu objetivo como un individuo noble, generoso, seguro y bondadoso - sabiendo que todas las cosas son estados de conciencia – tú puedes fácilmente decir si estás siendo fiel a tu objetivo observando tus reacciones a los acontecimientos cotidianos de la vida. Si eres fiel a tu ideal, tus reacciones se ajustarán a tu objetivo, porque te identificarás con tu objetivo y, por lo tanto, estarás pensando desde tu objetivo. Si tus reacciones no están en armonía con tu ideal, es una señal segura de que estás separado de tu ideal y sólo estás pensando en ello.

Asume que eres ese ser amoroso que deseas ser, y observa cuidadosamente tus reacciones durante todo el día con respecto a esa asunción, ya que tus reacciones te dirán el estado desde el cual estás operando.

Aquí es donde entra en juego el tercer elemento fundamental: Desapego. Habiendo descubierto que todo es un estado de conciencia hecho visible y habiendo definido ese estado particular el cual queremos hacer visible, ahora nos ponemos en la tarea de entrar en tal estado, porque debemos movernos psicológicamente desde donde estamos hacia donde deseamos estar.

El propósito de practicar el desapego es separarnos de nuestras actuales reacciones a la vida y unirnos a nuestro objetivo en la vida. Esta separación interna debe ser desarrollada por la práctica. Al principio parece que no tenemos poder para separarnos de los estados internos indeseables, simplemente porque siempre hemos estado tomando cada estado de ánimo, cada reacción, como algo natural y nos hemos identificado con ellos.

Cuando no tenemos idea de que nuestras reacciones son sólo estados de conciencia de los cuales es posible separarnos, damos vueltas y vueltas en el mismo círculo de problemas, sin verlos como estados internos sino como situaciones externas. Practicamos el desapego, o separación interna, para escapar del círculo de nuestras reacciones habituales a la vida. Es por eso que debemos formular un objetivo y constantemente observarnos con respecto a ese objetivo.

Esta enseñanza comienza con la auto-observación. En segundo lugar, pregunta: "¿Qué quieres?" Y luego enseña el desapego de todos los estados negativos y el apego a tu objetivo. Este último estado - apego a tu objetivo - se logra asumiendo frecuentemente el sentimiento de tu deseo cumplido. Debemos practicar separarnos de nuestros estados y pensamientos negativos en medio de todos los problemas y desastres de la vida cotidiana. Nadie puede ser diferente de lo que es ahora, a menos que empiece a separarse de sus reacciones presentes y a identificarse con su objetivo.

El desapego de los estados negativos y la asunción del deseo cumplido deben practicarse en medio de todas las bendiciones y maldiciones de la vida. El camino de la verdadera metafísica está en medio de todo lo que sucede en la vida. Debemos practicar constantemente la auto-observación, pensando desde nuestro objetivo, y desapegarnos de estados de ánimo y pensamientos negativos si queremos ser hacedores de la verdad en lugar de simples oidores.

Practica estos tres fundamentos y te elevarás a niveles de conciencia cada vez más y más altos. Recuerda, siempre, es tu estado de conciencia lo que atrae tu vida.

¡Empieza a escalar!

Neville

Fin

wisdom collection

Para más Títulos y obras del Nuevo Pensamiento, visita:

Amazon: Marcela Allen Herrera

www.eligefelicidad.com

www.wisdomcollection.org